AUTORES:

JOSÉ MARÍA CAÑIZARES MÁRQUEZ
CARMEN CARBONERO CELIS

COLECCIÓN: MANUALES PARA EL PROFESORADO DE EDUCACIÓN FÍSICA EN LA EDAD ESCOLAR

EL JUEGO MOTOR EN LA INFANCIA

WANCEULEN
EDITORIAL DEPORTIVA

COLECCIÓN MANUALES PARA EL PROFESORADO DE EDUCACIÓN FÍSICA EN LA EDAD ESCOLAR

EL JUEGO MOTOR EN LA INFANCIA.

AUTORES

<u>José Mª Cañizares Márquez</u>

- Catedrático de Educación Física
- Tutor del Módulo del Practicum del Master de Secundaria
- Especialista en preparación de opositores
- Autor de numerosas obras sobre Educación y Preparación Física

<u>Carmen Carbonero Celis</u>

- D. E. A. en Instituciones Educativas
- Licenciada en Pedagogía
- Maestra de Primaria y Secundaria en centros de Educación Compensatoria
- Didacta presencial del Módulo de Pedagogía General en el CAP
- Profesora de Pedagogía Terapéutica en Centro Educación Primaria

Título: EL JUEGO MOTOR EN LA INFANCIA.

Autores: José Mª Cañizares Márquez y Carmen Carbonero Celis

Editorial: WANCEULEN EDITORIAL DEPORTIVA, S.L.

C/ Cristo del Desamparo y Abandono, 56   41006 SEVILLA

Dirección web: www.wanceulen.com

I.S.B.N. (PAPEL): 978-84-9993-510-2

I.S.B.N. (EBOOK): 978-84-9993-536-2

Dep. Legal:

© **Copyright:** WANCEULEN EDITORIAL DEPORTIVA, S.L.

Primera Edición: **Año 2016**

Impreso en España:

Reservados todos los derechos. Queda prohibido reproducir, almacenar en sistemas de recuperación de la información y transmitir parte alguna de esta publicación, cualquiera que sea el medio empleado (electrónico, mecánico, fotocopia, impresión, grabación, etc), sin el permiso de los titulares de los derechos de propiedad intelectual. Cualquier forma de reproducción, distribución, comunicación pública o transformación de esta obra solo puede ser realizada con la autorización de sus titulares, salvo excepción prevista por la ley. Diríjase a CEDRO (Centro Español de Derechos Reprográficos, www.cedro.org) si necesita fotocopiar o escanear algún fragmento de esta obra.

INDICE

INTRODUCCIÓN. 7

1. EL JUEGO COMO ACTIVIDAD DE ENSEÑANZA Y APRENDIZAJE EN EL ÁREA DE EDUCACIÓN FÍSICA. 9

    1.1. Concepto y definiciones. 9

    1.2. Funciones del juego. 9

    1.3. Teorías sobre el juego. 11

    1.4. Clasificación del juego motor. 13

    1.5. El juego como medio educativo en el Área de Educación Física. Juego y Currículum 16

2. ADAPTACIONES METODOLÓGICAS BASADAS EN LAS CARACTERÍSTICAS DE LOS JUEGOS. 19

    2.1. Relaciones estratégicas en los juegos. 19

    2.2. La organización de los juegos en la clase de educación física. 20

    2.3. La selección de los juegos en Primaria. Niveles de adecuación. 20

    2.4. Consideraciones sobre el desarrollo didáctico del juego. Aplicación a la sesión de educación física. 21

        2.4.1. Tipos de juego según la parte de la sesión. 24

    2.5. Juegos y edad. Etapas evolutivas del juego. 24

CONCLUSIONES 25

BIBLIOGRAFÍA 25

WEBGRAFÍA 27

INTRODUCCIÓN

El juego es la acción de jugar, es decir, el conjunto de acciones que sirven para **divertirse**. El ser humano ha jugado siempre, en toda circunstancia y en toda cultura. No es exclusivo de la infancia, porque se juega a todas las edades y, aunque no ha estado bien visto por la pedagogía tradicional, hoy día está ampliamente asumido. Es una actividad fundamental para el desarrollo de las personas ya que, además de desarrollar todos los aspectos físicos y motrices, su práctica fomenta la adquisición de valores, actitudes y normas necesarias para la convivencia (Gallardo y Fernández, 2010).

Los juegos son la manifestación más importante de la motricidad humana. Desde la consolidación de los primeros esquemas sensoriales en el recién nacido, pasando por la capacidad de simbolización y representación y terminando en los procesos de socialización e integración en grupos cooperativos, el ser humano encuentra en la actividad lúdica su instrumento más privilegiado, contribuyendo al desarrollo de la personalidad (Méndez y Méndez, 2004).

Así, el componente **motor** del juego en las primeras edades disminuye progresivamente y aumentando, por contra, la complejidad del mismo. Las formas del juego adulto son más **sedentarias** y, a veces, son utilizadas de forma inconsciente (Torres y colls, 1994).

Los juegos experimentan grandes modificaciones y muestran características distintas en función de las edades de los jugadores. Por eso es frecuente que los investigadores planteen formas variadas de clasificarlos para describir y explicar estas diferencias (Paredes, 2003).

Juego, aprendizaje y desarrollo constituyen una unidad **indisociable** siendo fuente de aprendizaje porque estimula la **acción**, **reflexión** y **expresión** por parte de niñas y niños. Es una actividad que les permite **investigar** y conocer el mundo de los objetos, de las personas y sus relaciones, explorar, descubrir y crear (García Fernández 2005).

Aunque a primera vista parezca sencillo organizar una sesión de juegos, es una tarea **metodológica** delicada y debemos realizarla prestando atención a todos los aspectos que comprende.

El juego en Educación Física puede ejercer diferentes cometidos, forma parte del diseño curricular como medio, o también puede ser parte fundamental de los contenidos del mismo por su valor antropológico y social. De una u otra forma, los juegos están siempre presentes en la Educación Física, por lo que es preciso que los realicemos lo mejor posible para que puedan cumplir los fines previstos (R. D. 126/2014).

1. EL JUEGO COMO ACTIVIDAD DE ENSEÑANZA Y DE APRENDIZAJE EN EL ÁREA DE EDUCACIÓN FÍSICA.

Actualmente al juego lo podemos entender desde tres perspectivas complementarias: **medio** globalizador (interrelaciona contenidos de educación física con otras áreas); objeto de **estudio** (conocerlo, sus reglas, etc.) y como herramienta **metodológica** (actividad motivadora que facilita el aprendizaje). Estas tres líneas deben estar íntimamente relacionadas para la consecución de los objetivos (Valero, 2002).

1.1. CONCEPTO Y DEFINICIONES.

Paredes (2003), tras un pormenorizado análisis, indica que para el estudio del concepto "*juego*" hay que considerar a "*ludus-i*", vocablo latino, que abarca al campo del juego y diversión. También cita a Huizinga, el cual opina que los vocablos "*ludus, ludere*" abarcan el juego infantil, recreo, competición, etc. Además, realza sus características de ficción, desinterés y delimitación espacial y temporal.

Por su parte, Campo (2000), establece que, desde un punto de vista etimológico, la palabra juego procede del latín "jocus" (iocus-iocare), que significa ligereza, pasatiempo.

En parecidos términos, Suari (2005), destaca además a Caillois (1958), el cual resalta al juego como una actividad incierta, improductiva, reglamentada y ficticia.

Para interpretar el concepto de juego, Paredes (2003) citando a autores como Cagigal (1957), Cañeque (1991) y Ortega (1992), estima que debemos tener en cuenta una serie de rasgos que lo hacen distinto a todo. Por ejemplo, espontaneidad, acción libre, tensión, limitaciones en espacio y tiempo, placentero, autotélico, voluntario, ficticio, incertidumbre, proporciona socialización, etc.

Zagalaz, Cachón y Lara (2014), se manifiestan en parecidos términos: "*actividad libre, espontánea, independiente, incierta, voluntaria, improductiva, que integra la acción con los sentimientos, las emociones y el pensamiento, favoreciendo el desarrollo personal y social y que, a veces, puede ser dirigido*".

Existen multitud de definiciones en la bibliografía especializada. Una de las más habituales y completa es la de Navarro (1993): "*actividad recreativa natural de incertidumbre sometida a un contexto sociocultural*".

Gallardo y Fernández (2010), indican que la definición de Huizinga es ampliamente aceptada: "*el juego es una acción libre, que se desarrolla dentro de un espacio y tiempo determinados, con reglas obligatorias, libremente aceptadas, que tiene fin en sí misma y va acompañada de un sentimiento de tensión y alegría y de la conciencia de ser de otro modo que en la vida corriente*".

1.2. FUNCIONES DEL JUEGO.

Los juegos son una forma **organizada** de la actividad motriz, tanto reglada como espontánea y tienen una evolución a lo largo de la etapa escolar hasta llegar a los deportes. Lo verdaderamente importante del juego es que a la vez que niñas y niños **disfrutan** con el mismo, tiene un carácter multifuncional, el cual va a depender del **tipo** de juego y de la **forma** de jugar (Paredes, 2003).

El juego tiene una **aplicación** en el resto de las **áreas**, sobre todo en la etapa Infantil y Primaria. Su evolución, paralela al desarrollo del escolar, le sugiere distintas formas en función del propio psiquismo y de su evolución social, de manera que atiende desde los primeros pasos y apreciaciones sensoriales hasta el más complicado juego reglado. Sus funciones más reconocidas, son (Paredes, 2003):

Sus funciones más reconocidas, y que son asimilables a las de la educación física en general, son (Paredes, 2003) y Expósito (2006):

- Función de **conocimiento**. La actividad generada por el juego motor es uno de los instrumentos cognitivos fundamentales de la persona, tanto para conocerse a sí misma como para explorar y organizar su entorno más próximo.
- Función de **organización de las percepciones**. Por medio de la organización de sus percepciones sensomotrices, el alumnado va tomando conciencia de su propio cuerpo, espacio y tiempo.
- Función **anatómico funcional**. El juego motor provoca una mejora condición física y capacidad motriz en diferentes situaciones y para distintos fines. Si la actividad lúdica es metódica y continuada, el rendimiento físico del practicante es sensiblemente superior al del sujeto pasivo.
- Función **estética y expresiva**. La llevamos a cabo a través del juego expresivo y dramático, basados en la expresión corporal y en el movimiento.
- Función **comunicativa y de relación**. El juego grupal nos permite un contacto permanente entre los miembros del grupo, por lo que es un excelente medio para establecer vínculos de trato con los demás.
- Función **agonista**. De manera natural, el humano desea mostrar su nivel de competencia y habilidad motriz a los demás, sobre todo a nivel físico-deportivo. Está relacionada con el rendimiento motor.
- Función **hedonista**. El placer en el juego, disfrutar del movimiento y de su eficacia corporal.
- Función **higiénica.** Es la relativa a la conservación y mejora de la salud y el estado físico, así como a la prevención de determinadas enfermedades y disfunciones.
- Función **catártica**. El juego motor nos permite eliminar tensiones de la vida cotidiana, restaurando el equilibrio psíquico y normalizando las conductas.
- Función **simbólica**. Representación de roles.
- Función de **compensación**. Como elemento de resarcimiento ante las limitaciones del medio y el sedentarismo de la sociedad actual. El juego motor es un excelente medio para reparar el inmovilismo de hoy día.

FUNCIÓN DEL JUEGO	PALABRA-CLAVE
Conocimiento	Conocimiento esquema corporal y al medio
Organización de las percepciones	Percepción espacio/tiempo
Anatómico-funcional	Mejora aspectos óseo-muscular y orgánico
Higiénica	Salud e higiene
Estética-comunicativa	Belleza y comunicación con los demás
Relación	Contactos con los demás
Agonista	Superarse a sí mismo
Hedonista	Placer por el movimiento
Compensación	Respuesta ante la vida sedentaria
Catártica	Liberación de tensiones
Simbólica	Realización de roles

Podemos agrupar estas funciones del juego hacia tres **orientaciones**:

- **Función físico-motriz**.- El juego como desarrollo de las capacidades orgánico-biológicas-funcionales. El cuerpo como "instrumento".

- **Función psicomotriz**.- El juego como medio de desarrollo de las capacidades intelectuales: lógicas, cognitivas, memorísticas, etc.

- **Función sociomotriz**.- El juego como realidad social (juego deportivo, juego colectivo, etc.) y como medio de desarrollo de las capacidades sociales (comunicativas, expresivas...)

Todas estas funciones son posibilidades que el juego tiene y que no podemos despreciar. Sin embargo, muchas de ellas pueden resultar anti-educativas si no están reguladas.

1.3. TEORÍAS SOBRE EL JUEGO.

Existen infinidad de teorías. La mayor parte de ellas han pretendido dar respuesta a una o ambas cuestiones (Gallardo y Fernández, 2010):

- **¿Por qué** juegan niños y adultos?
- **¿Para qué** juegan niños y adultos?

Las formulaciones teóricas que abordan el fenómeno del juego infantil son relativamente recientes (S. XIX-XX), sin embargo, esta actividad había sido ya observada desde la antigüedad. Existen infinidad de recopilaciones y estudios hechos por muchos autores de campos diversos.

Para el desarrollo de este punto nos centramos en Andreu (2006), aunque también hemos consultado a Campo (2000), Navarro (2002), Sáenz-López (2002), Martínez Fuentes (2002), Fernández -coord.- (2002), Paredes (2003), Gil y Navarro (2004), García Fernández (2005), Expósito (2006) y Gallardo y Fernández Gavira (2010):

a) TEORÍAS CLÁSICAS.

- Teoría de **Platón**. El juego como medio didáctico para aprender oficios de adultos y sus valores.

- **Teoría del recreo.** Schiller (1875). El juego sirve para recrearse, es decir, que su finalidad intrínseca es pasarlo bien, su placer.
- **Teoría del descanso.** Lazarus (1883). La recuperación no sólo se puede alcanzar mediante el descanso, sino también poniendo en movimiento las otras fuerzas que están pasivas durante el trabajo.
- **Teoría del exceso de energía.** Spencer (1897). El juego tiene por función descargar la energía excedente no agotada en las necesidades biológicas básicas y en las actividades útiles.
- **Teoría de la anticipación funcional** o "pre-ejercicio". Groos (1898). El juego es un ejercicio de preparación para poder realizar las actividades que se desempeñará en la vida adulta.
- **Teoría catártica.** Carr (1902). El juego libera a niños y niñas de tendencias antisociales, como la violencia. A través del juego se descarga agresividad.
- **Teoría de la recapitulación.** Hall (1906). Formula la "ley fundamental de la biogénesis". El niño reproduce y sintetiza la transición filogenética, desde el juego animal al juego humano.

b) TEORÍAS MODERNAS.

- **Teoría del instinto.** Decroly (1907) indica que "el juego es un instinto que provoca un estado agradable o desagradable, según sea o no satisfactorio".
- **Teoría de derivación por ficción.** Claparède (1909). El juego sirve para desplegar la personalidad del individuo, que juega para realizar fines ficticios.
- **Teoría psicoanalista.** Freud (1916). El juego simbólico es el medio para obtener placer y cumplir deseos insatisfechos del subconsciente. Freud entiende que el infantil crea un mundo propio donde inserta las cosas en un orden de su agrado, un mundo amable.
- **Teoría del placer funcional.** Bühler (1924). Fundada en la obtención del placer mediante la práctica de un juego y su dominio progresivo.
- **Teoría sociocultural.** Vigostky y otros psicólogos de la escuela soviética (1926). Elaboran una teoría sobre el origen social del juego, llegando a la conclusión que el juego crea una zona de desarrollo próximo en el niño y, a través de él, llega a conocerse a sí mismo y a los demás.
- **Teoría general del juego.** Buytendijk (1933). Propugna que la misma infancia es la razón del juego y que sus características varían en función de las etapas del desarrollo humano.
- **Teoría de Wallon** (1941). La finalidad del juego es el desarrollo motor, afectivo, social e intelectual.
- **Teoría genética-cognitiva.** Piaget (1949) y sus colaboradores de la Escuela de Ginebra, indican que el juego y la imitación son parte integrante del desarrollo de la inteligencia. Al juego se accede por grados de capacidades que dependen de la evolución del pensamiento infantil.
- **Teoría fenomenológica.** Formulada por Scheuerl (1954). Para que una actividad sea juego debe tener conjuntamente libertad, apariencia, ambivalencia, unidad, actualidad e "infinitud interna".
- **Teoría de Château** (1955). A través del juego se logra la afirmación de sí mismo y, a través de la repetición, vuelve a descubrir cada vez lo nuevo. Las reglas confieren orden a la propia existencia del individuo y refuerza la

autoafirmación ante el grupo.

- Teoría de **Rüssel** (1970). El juego es una actividad generadora de placer que se realiza por sí mismo.
- Teoría de los fenómenos transicionales de **Winnicott** (1972). La transicionalidad es una modalidad de funcionamiento psíquico que constituyen los fenómenos, el espacio y los objetos transicionales. El objeto transicional es algo material del entorno, por lo general blando, que el bebé elige y usa dentro del área intermedia de experiencia. Posee características paradójicas, pues aunque tiene materialidad, para el sujeto no proviene del exterior ni del interior.
- Teoría de **Elkonin** (1980). El juego tiene una función social, la de enseñar a niñas y niños sus quehaceres de la vida adulta.
- Teoría de **Bruner** (1980). Toma como referentes a Vygotsky y Piaget. Expone una teoría integradora, funcional y constructiva donde el juego es un comportamiento básicamente social que tiene su origen en la acción espontánea, pero orientada culturalmente. El juego como agente de socialización aprendizaje y mejora de la inteligencia.
- Teoría de **enculturación de Sutton-Smith** (1981). Defiende que cada cultura fomenta un tipo de juego para inculcar los valores predominantes de la comunidad en cuestión. Es una manera muy eficaz de asegurarse la transmisión de la ideología dominante de la sociedad.

También, Paredes (2003), Expósito (2006) y Gallardo y Fernández (2010), engloban a estas y otras teorías en varios apartados que se corresponden con la disciplina que lo ha estudiado: Antropología, Psicoanálisis, Filosofía, Biología y Psicopedagogía, entre otras.

1.4. CLASIFICACIÓN DEL JUEGO MOTOR.

A pesar de referirnos únicamente al motor, existen numerosos tipos clasificatorios (Gil Madrona -coord.-, 2013). Para su estudio los agrupamos en cuatro grandes líneas (Cañizares y Carbonero, 2007):

a) Aspectos más **tradicionales**.

- Las acciones que generalmente se realizan en el juego: transporte, lanzamiento, etc.
- Los instrumentos empleados: raquetas, pelota, discos voladores, etc.
- Los espacios donde se juega: patio, agua, S. U. M., etc.
- Las habilidades que se desarrollan: carreras, saltos, etc.
- La estación del año en que se practica: verano, invierno, etc.
- Las características de las reglas: fijas o movibles.
- Las edades donde son más aplicables.
- Los tipos de interacciones entre los participantes: cooperación, oposición...

b) Según las **características de las reglas**, podemos observar a los siguientes grupos:

- Juego **Libre o Espontáneo**. Surge del propio niño o niña. Reglas efímeras: el "tocar"
- Juego **Dirigido**. El maestro lo introduce. Adapta las reglas a sus objetivos.

- Juego **Simple**. Muy pocas reglas. Pocas exigencias físicas: relevos, pases, etc.
- Juego **Complejo**. Muchas reglas y difíciles. Es de tipo pre-deportivo.
- Juego **Deportivo**. Muchas reglas, fijas, estrictas y estandarizadas, como Mini-Basket.

c) Juegos de gran **aplicación didáctica**.

Desde un punto de vista **práctico**, Cañizares y Carbonero (2007) **establecen un grupo clasificatorio** agrupando a aquellos juegos que prestan un **mayor servicio** en nuestro quehacer **diario**:

- Juego **cooperativo**. Es muy importante en la Etapa Primaria habida cuenta de sus características: nadie gana ni nadie pierde (Gil y Naveiras, 2007). Hay flexibilización para interpretar las reglas y capacidad de aceptación, por parte de los jugadores, de los múltiples cambios de rol. Los grupos pueden y deber ser heterogéneos (edad, sexo...) y tienen gran importancia para los procesos **comunicativos** y **sociales**, destacando en este sentido compartir los móviles, como puede ser un paracaídas. Su finalidad no es la competición sino el placer de jugar (Orlick, 2001 y Gallardo y Toro, 1993). Por ejemplo, construcciones, coreografías, etc. Al respecto, la **O. 17/03/2015**, indica que *"el aspecto lúdico y deportivo favorece el trabajo en equipo, fomentando el compañerismo y la cooperación"*.
- Juegos de **habilidad**. La habilidad y destreza motriz ocupa un alto porcentaje de objetivos y contenidos. De ahí que en este epígrafe englobemos a todos aquellos que nos sirven para su desarrollo: percepción, básica, expresiva, etc.
- Juego **adaptado**. Son aquellos que los docentes "reinventamos" y modificamos de acuerdo con el **objetivo** educativo que persigamos, espacio disponible, características de un determinado grupo o sub-grupo, niveles, etc. Profesoras y profesores podemos modificar ciertas reglas, el material, el número de jugadores y su rol, etc. (Fernández -coord.- 2002). Por ejemplo, la estructura de "los diez pases", se adecua a este perfil porque lo podemos reformar a pases con las manos, con los pies, con bote, etc.
En muchas ocasiones esta adaptación es obligada por tener en el grupo alumnado con necesidades específicas de apoyo educativo (a.n.e.a.e.).
- Juego **alternativo**. Se denominan así a las actividades lúdicas que tienen como base la utilización de recursos móviles no habituales. Por ejemplo, la pelota es "sustituida" por el disco volador, la clásica valla de atletismo, por "cono-vallas", etc. Además, el material alternativo abre numerosas aplicaciones didácticas antes imposibles de realizar por no disponer de estos recursos nuevos que continuamente produce la industria del ocio y tiempo libre: pelotas gigantes, discos voladores, bolsitas de granos, etc.
- Juego **predeportivo**. Son aquellos que plantean, bajo unas formas muy similares al deporte concreto que se trate, aproximaciones a la realidad deportiva específica. Por ejemplo, el balón-tiro está diseñado para el balonmano, el balón-torre para el baloncesto, los relevos de botar pelota para el dribling en general, los diez toques para el voleibol, etc. (García-Fogeda, 1982).
- Juego **recreativo**. Aunque a priori todo juego infantil es para recrear, por juego recreativo entendemos aquellos que no tienen otro fin más específico que la propia diversión por la diversión; dan sensación de bienestar, alegría, realización de logros; no reparan en reglas, tiempos, número de jugadores, etc. Por ejemplo, jugar a las canicas, a los "caballos", al coger, etc.
- Juego **popular-tradicional**. Es el "juego de siempre", el que se ha practicado

en plazas, calles y patios de colegio. Tiene gran aplicación didáctica habida cuenta que encierra muchos objetivos físicos, motores y socio-afectivos. Tras pasar varias épocas por el ostracismo, en los últimos años está renaciendo. Podemos introducirlos en una U. D. específica o servirnos de ellos para el desarrollo de determinadas habilidades y destrezas motrices. Por ejemplo, "soga-tira", las "siete y media", el "teje", etc.

En este sentido, Navarro (2007) indica que hacia 1990, los juegos mostraron nuevos modelos y, entre ellos, destaca a los tradicionales, cooperativos y alternativos.

d) Clasificación de **autores** más conocidos.

- Clasificación de **Caillois** (1979), citado por Campo (2000), Paredes (2003) y García Fernández (2005).

Desde una aproximación sociológica propone una agrupación del juego, que obedece a aspectos formales, en cuatro rangos:

   o "**Agon**", juegos de competición, de superación. Por ejemplo, los juegos deportivos.
   o "**Alea**", juegos de azar, suerte donde los aspectos intelectivos del participante apenas cuentan. Por ejemplo, dados, cartas, lotería, etc.
   o "**Mimicry**", juegos de imitación, representación o simulación. Por ejemplo, los juegos de expresión o los de tipo simbólico.
   o "**Ilinx**", juegos de vértigo, emoción, riesgo o aventura. Por ejemplo, las atracciones de ferias.

- Clasificación de **Piaget** (1932), citado por Gallardo y Fernández Gavira (2010):

   o Juego **sensomotor**. Hasta los dos años. Por placer, realizar ejercicios en los que interviene la coordinación sensorio-motriz. Por ejemplo, gatear.
   o Juego **simbólico**. De dos a seis años. Su objetivo es la asimilación de lo real al yo, la creación de personajes. Por ejemplo, jugar con un plato como si fuese el volante de un coche.
   o Juego **reglado simple**. Desde los siete años y hasta los 11-12. Implica la imposición de códigos por el grupo. Su violación supone una falta o penalización. Por ejemplo, la comba y otros juegos populares.
   o Juego de **reglas complejas**. Tiene lugar durante la etapa operaciones formales, a partir de 11-12 años. Por ejemplo, los juegos deportivos.

Zagalaz, Cachón y Lara (2014), establecen: **motores** (los habituales que implican movimiento); **psicomotrices** o individuales (no se interactúa con los demás); **Sociomotrices** (hay relaciones con los demás); **sedentarios** (no implican movimiento); **populares/tradicionales**: unidos por la cultura de una región; **deportivos**: iniciación al deporte con su reglamento.

Otros autores, son: María Montessori, Jean Chateau, Ovidio Décroly, Henri Wallon, D. B. Elkonin...

1.5. EL JUEGO COMO MEDIO EDUCATIVO EN EL ÁREA DE EDUCACIÓN FÍSICA. JUEGO Y CURRÍCULUM.

El juego es un excelente medio didáctico de uso universal, como vehículo para alcanzar los logros escolares (Rosillo, 2010). Adquiere mayor autonomía en todas las etapas educativas debido a que vuelve a ser lo que era y recupera su valor intrínseco. Deja de ser un "cautivo" del deporte y se diversifica, ampliando sus muchas opciones. Así pues, mantiene su lugar como **modelo pedagógico** central e integral en la Ed. Primaria, orientándose hacia el tipo deportivo en etapas posteriores (Navarro, 2007).

Preferentemente en el Área tenemos al juego como medio de nuestra acción didáctica para conseguir fines físicos y psicomotores. No obstante, no podemos olvidarnos del desarrollo afectivo, intelectual, **glósico** (aprendizaje del habla) y ético-social (Ponce y Gargallo, 2003). Además, como jugar es fundamental para el desarrollo de la personalidad de niñas y niños, de ahí su gran poder a la hora de impartir nuestra didáctica (Gallardo y Fernández Gavira, 2010).

Por lo grandes beneficios que tiene el juego como medio educativo, es imprescindible contar con él para la consecución de las metas propuestas (Torres y colls. 1994). Como es una actividad inherente al ser humano, bien encauzada y acorde con la edad y condiciones contextuales, estimula el desarrollo y dominio corporal, favoreciendo la adquisición de todas las habilidades sensorio motrices, capacidad de creación, interacción y cooperación con los demás, habilidades sociales, además de aumentar la autonomía, iniciativa, etc. (Gallardo y Fernández, 2010).

A) El juego en el currículum.

El juego parte de una materia concreta al observar cómo contribuye al logro de varias **Competencias**, los **objetivos** de etapa y área. Proporciona unos **contenidos** globalizadores, integradores y, a la vez, específicos. Por sus características lúdicas, tiene unos recursos **metodológicos** convergentes con las orientaciones planteadas y también posee recursos para obtener información sobre los criterios de **evaluación**. Además permite desarrollar las **funciones** del movimiento, siendo el instrumento más adecuado para implementar la función hedonista (Fernández -coord.- 2002).

El juego viene reseñado en numerosos pasajes de los DD. CC. De Andalucía. Destacamos a:

a) **Introducción**. *"No podemos obviar el papel tan importante y motivador que desempeña el juego en este área, siendo el aspecto lúdico un eje sobre el que gira todo el proceso de enseñanza-aprendizaje. Existe en el juego una respuesta a diferentes situaciones vivenciales en el espacio escolar, la calle, el barrio y diferentes manifestaciones populares. Su práctica habitual debe desarrollar actitudes y hábitos de tipo cooperativo y social basados en la solidaridad, la tolerancia, el respeto y la aceptación de las normas de convivencia. Además, la práctica lúdica se vinculará a la cultura andaluza que aporta multitud de tradiciones y manifestaciones propias de indudable riqueza. Conviene por tanto tener en cuenta la importancia de que los alumnos y alumnas conozcan y practiquen juegos autóctonos y tradicionales, como vínculo de nuestro patrimonio cultural.*

El área de Educación física debe hacer que cada plaza, cada barrio y en definitiva, cada rincón de Andalucía, sea una extensión de las actividades realizadas en los patios de las escuelas, para que en ellos se juegue a lo que se juega en los colegios. En la comunidad y contextos del alumnado se deben encontrar las actitudes que se cultivan en la escuela; de esta forma, el área se consolidará en la categoría de área competencial que promueva acciones, reflexiones y actitudes que aporten nuestro granito de arena para una sociedad más solidaria, saludable y dispuesta a afrontar los retos".

b) Competencias Clave.

El área de Educación física contribuye de manera esencial al desarrollo de la **competencia sociales y cívicas**. Las características de la Educación física, sobre todo las relativas al entorno en el que se desarrolla y a la dinámica de las clases, la hacen propicia para la educación de habilidades sociales, cuando la intervención educativa incide en este aspecto. Las actividades físicas, y en especial las que se realizan colectivamente, son un medio eficaz para facilitar la relación, la integración, el respecto y la interrelación entre iguales, a la vez que contribuyen al desarrollo de la cooperación solidaria.

La Educación física ayuda a la consecución de la competencia del **sentido de iniciativa y espíritu emprendedor** en la medida en que emplaza al alumnado a tomar decisiones con progresiva autonomía en situaciones en las que debe manifestar auto superación, perseverancia y actitud positiva. También lo hace, si se le da protagonismo al alumnado en aspectos de organización individual y colectiva de las actividades físicas, deportivas y expresivas. El juego motor aporta a la consecución de esta competencia estas habilidades esenciales: capacidad de análisis; capacidades de planificación, organización, gestión y toma de decisiones; capacidad de adaptación al cambio y resolución de problemas; comunicación, presentación, representación y negociación efectivas; habilidad para trabajar, tanto individualmente como dentro de un equipo; participación, capacidad de liderazgo y delegación; pensamiento crítico y sentido de la responsabilidad; autoconfianza, evaluación y auto-evaluación, ya que es esencial determinar los puntos fuertes y débiles de uno mismo y de un proyecto, así como evaluar y asumir riesgos cuando esté justificado (manejo de la incertidumbre y asunción y gestión del riesgo).

El área contribuye a la **competencia de aprender a aprender** mediante el conocimiento de sí mismo y de las propias posibilidades y carencias como punto de partida del aprendizaje motor desarrollando un repertorio variado que facilite su transferencia a tareas motrices más complejas. Ello permite el establecimiento de metas alcanzables cuya consecución genera autoconfianza. Al mismo tiempo, los proyectos comunes en actividades físicas colectivas facilitan la adquisición de recursos de cooperación.

Desde este área se contribuye en cierta medida a la **competencia digital** en la medida en que los medios informáticos y audiovisuales ofrecen recursos cada vez más actuales para analizar y presentar infinidad de datos que pueden ser extraídos de las actividades físicas, deportivas, competiciones, etc. El uso de herramientas digitales que permitan la grabación y edición de eventos (fotografías, vídeos, etc.) suponen recursos para el estudio de distintas acciones llevadas a cabo.

El área también contribuye en cierta medida a la adquisición de la **competencia en comunicación lingüística**, ofreciendo gran variedad de intercambios comunicativos, del uso de las normas que los rigen y del vocabulario específico que el área aporta.

c) Objetivos de **Etapa**:

El juego está claramente citado en el objetivo "**k**": *"Valorar la higiene y la salud, aceptar el propio cuerpo y el de los otros, respetar las diferencias y utilizar la* *educación física y el deporte como medios para favorecer el desarrollo personal y social"*. No obstante, indirectamente, también lo podemos relacionar con otros.

d) **Objetivos de Área**. Aunque podemos relacionarlos con **todos** los objetivos, el vínculo mayor está con:

O.EF.6. *"Conocer y valorar la diversidad de actividades físicas, lúdicas, deportivas y artísticas como propuesta al tiempo de ocio y forma de mejorar las relaciones sociales y la capacidad física y además teniendo en cuenta el cuidado del entorno natural donde se desarrollen dichas actividades".*

a) **Contenidos**. El bloque más vinculado es nº **4**, "***El juego y el deporte escolar***": desarrolla contenidos sobre la realización de diferentes tipos de juegos y deportes entendidos como manifestaciones culturales y sociales de la motricidad humana. El juego, además de ser un recurso recurrente dentro del área, tiene una dimensión cultural y antropológica. Ponemos unos ejemplos:

4.1. Reflexión e interiorización sobre la importancia de cumplir las normas y reglas de los juegos.
4.2. Utilización y respeto de reglas del juego para la organización de situaciones colectivas.

Por todo ello podemos concluir que el juego es básico en el desarrollo de los contenidos del currículum de Educación Física en Primaria.

b) **Criterios de evaluación**. Entendemos que el juego está implícito de una u otra forma en la mayoría de los criterios oficiales. No obstante, destacamos:

C. 3. Resolver retos tácticos elementales propios del juego y de actividades físicas, con o sin oposición, aplicando principios y reglas para resolver las situaciones motrices, actuando de forma individual, coordinada y cooperativa y desempeñando las diferentes funciones implícitas en juegos y actividades.

C. 13. Demostrar un comportamiento personal y social responsable, respetándose a sí mismo y a los otros en las actividades físicas y en los juegos, aceptando las normas y reglas establecidas y actuando con interés e iniciativa individual y trabajo en equipo.

En cuanto a los **estándares** de aprendizaje, señalamos:

3.1. Utiliza los recursos adecuados para resolver situaciones básicas de táctica individual y colectiva en diferentes situaciones motrices.
13.5. Acepta formar parte del grupo que le corresponda y el resultado de las competiciones con deportividad.

2. ADAPTACIONES METODOLÓGICAS BASADAS EN LAS CARACTERÍSTICAS DE LOS JUEGOS.

El juego es una actividad intrínsecamente motivadora y facilita el acercamiento natural a la práctica del ejercicio físico. Además, se ajusta a los intereses del alumnado y evoluciona en función de ellos (Rosillo, 2010).

La evolución de los juegos, según las **edades** de los niños, nos servirá de orientación para realizar aquellos más apropiados a su situación real (Gutiérrez, 1991).

Desde un punto de vista **metodológico**, destacamos:

- El juego es el eje sobre el que giran las actividades motrices.
- Tanto el espontáneo como el reglado tienen su sitio en el proceso de enseñanza-aprendizaje. El primero favorece un trabajo libre en los primeros años, el segundo atiende a normas cada vez más complejas.
- El escolar debe aprender juegos para realizarlos en su tiempo de ocio y que éste sea saludable.
- El juego como estrategia metodológica y como manifestación popular.
- Mediante la práctica lúdica se perfeccionan las habilidades motrices, poniéndose en funcionamiento las estrategias de cooperación y oposición.

Por otro lado, niñas y niños juegan cada vez menos en la calle. La inseguridad, la falta de espacios y la moda de los juegos electrónicos y del juego por Internet, hace necesario que en Educación Física se incremente el tiempo dedicado al juego motor.

Por todo ello, en la escuela debemos **ofertar**:

- Conocimiento de juegos populares, pre-deportivos y deportivos
- Espacios y recursos móviles adecuados en los tres tiempos pedagógicos
- Organización de talleres por las tardes
- Implicar a las familias para que se involucren en las actividades
- Actividades, organizadas en grupos mixtos preferentemente, que no supongan exclusión por razón de sexo, nivel de habilidad, etc. (Gómez Lecumberri y otros, 2009).
- Varios niveles de ejecución, incluso adaptarlos a niñas y niños con n.e.e.
- Cuidar que nadie monopolice móviles, espacios, reglas, etc.
- Posibilidad de organizar su práctica en los **recreos** a través de los llamados "**recreos inteligentes**" y "**un día sin balón**"

2.1. RELACIONES ESTRATÉGICAS EN LOS JUEGOS.

En los juegos podemos conjugar cuatro tipos de **relaciones** estratégicas (Torres y colls. 1994):

- **Cooperación**. Hay vinculaciones tendentes a conseguir un fin común, todos ganan y nadie pierde. Se utiliza para **unir** a las personas no para enfrentarlas, debiendo **jugar juntas**, no unas contra otras.
- **Oposición**. Participan **dos** individuos o grupos. El éxito de uno significa el fracaso del otro. Se requiere, por tanto, concentración, un entrenamiento

adecuado, esfuerzos constantes y el amor propio junto con el deseo de triunfo. Cuando participan dos equipos, entre sus componentes mantienen una estrategia de cooperación. La competición bien usada es un elemento que permite al alumno introducirse en la realidad social del sistema competitivo, pero lo educativo es usar la **competición** como un **medio**, no para ganar como sea.

- **Resolución**. Son juegos donde existe la posibilidad de resolver situaciones problema durante su desarrollo. Ante la propuesta de: "por tríos, desplazarse unidos, sin soltarse, de cinco maneras diferentes", cada alumno puede solventar el problema de manera particular (Cañizares, 1998).
- **Individual**. Se da en situaciones donde el niño juega solo y la incertidumbre proviene del medio que le rodea, los móviles que usa y su limitación creadora.

2.2. LA ORGANIZACIÓN DE LOS JUEGOS EN LA CLASE DE EDUCACIÓN FÍSICA.

Desde un punto de vista de su complejidad, el juego va desde el libre y espontáneo, hasta el más arduo de los deportes, esto es, de manera ascendente de menor a mayor complejidad. Se pueden dar los siguientes tipos de **organización**, entendiendo a ésta como la forma de ubicarse, de disponerse:

- **Libre** y espontánea. Se realiza de manera natural y sin la influencia del adulto. Tiene suma importancia para el desarrollo de la **personalidad**. A destacar:
  - Permite conocer la estructura del juego infantil
  - Tienen carencia de organización
  - No tiene medida temporal, cesa cuando se cansa o desmotiva.
- **Organización simple**. Son aquellas que se realizan generalmente de forma individual, en el que cada niña o niño se compara con los demás, trata de emular a otros procurando hacer la tarea mejor o más rápida que los demás.
- **Codificada**, reglamentada. Las que tienen determinadas reglas o códigos por los que se rigen, destacando la **comunicación motriz** que es muy intensa, tanto en la faceta de cooperación como en la de oposición.

2.3. LA SELECCIÓN DE LOS JUEGOS EN PRIMARIA. NIVELES DE ADECUACIÓN.

Narganes, (1993) y Expósito (2006), indican una serie de aspectos **metodológicos** a tener en cuenta a la hora de seleccionar los juegos a aplicar, que resumimos en este croquis.

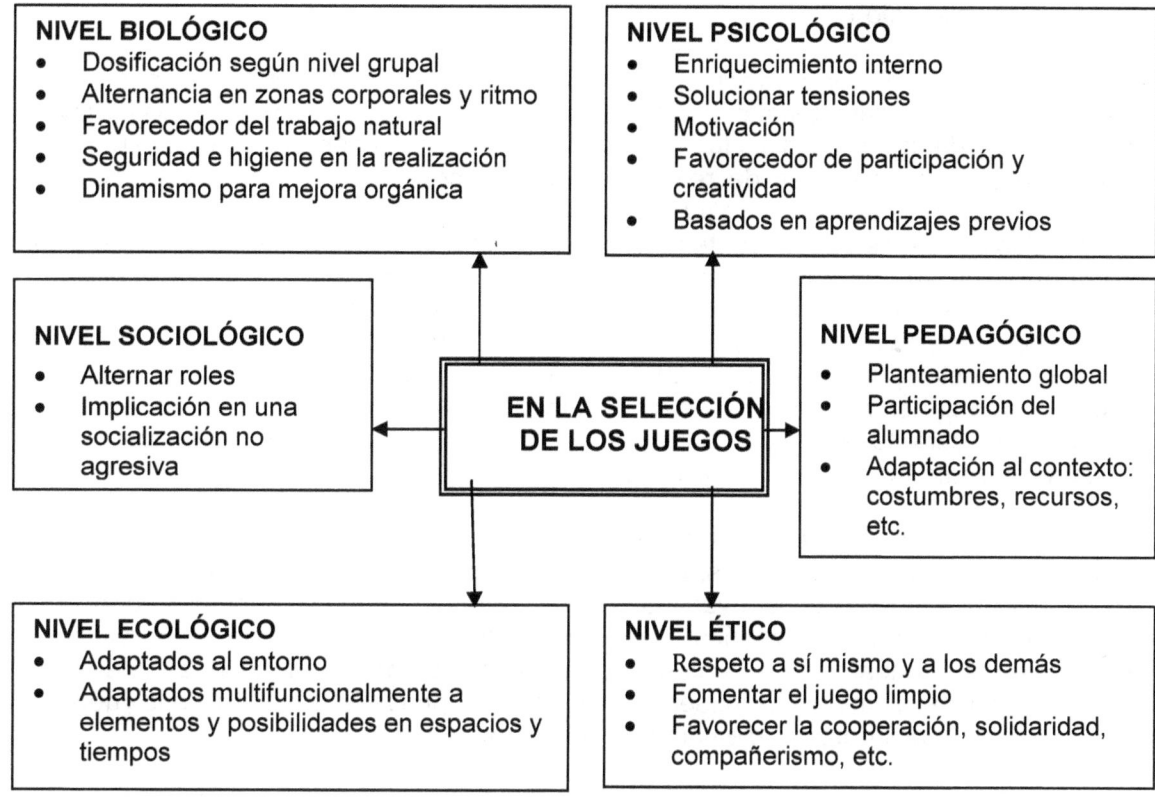

2.4. CONSIDERACIONES SOBRE EL DESARROLLO DIDÁCTICO DEL JUEGO. APLICACIÓN A LA SESIÓN DE EDUCACIÓN FÍSICA.

El proceso a seguir a la hora de un **planteamiento** didáctico del juego en las diferentes sesiones de Educación Física, será el siguiente, con expresión de las **funciones** del docente (Cañizares y Carbonero, 2007):

1. PREPARACIÓN. FASE PRE ACTIVA.	• Selección de los juegos a utilizar en función de las Competencias Clave y objetivos a cumplir. Diseño. • Preparación de los recursos espaciales y materiales • Posibilidad de información previa enviada al alumnado a través de Plataforma de Aprendizaje, Blog, Webquest, etc.
2. PRESENTACIÓN. FASE INTERACTIVA.	• Disposición de los participantes • Explicación y aclaraciones • Demostración • Formación de equipos y distribución de los roles • Reparto del material (lo último)
3. EJECUCIÓN.	• Animación • Arbitraje • Recogida de información de cara a la evaluación.
4. EVALUACIÓN. FASE POST ACTIVA	• Recabar opiniones • Solicitar variantes • Reflexión final. Evaluación del maestro.

1. Preparación.

Debemos disponer de un repertorio suficiente y para seleccionarlos nos basaremos en las características evolutivas del alumnado, las Competencias Clave, los objetivos de la unidad didáctica y de la sesión, su ubicación dentro de la misma y las posibilidades materiales de realización. Si seleccionamos varios, tendremos en cuenta el nivel de esfuerzo requerido (Arufe et al., 2009). Por ejemplo, si están destinados a los más pequeños, tendremos en cuenta seleccionar juegos simples y de corta duración ya que sus niveles de concentración son endebles aún. En cualquier caso, debemos **huir** de juegos donde la **eliminación** esté presente. Por otro lado, en los últimos tiempos es ya habitual que el maestro/a envíe **información previa** sobre el juego en cuestión, sobre todo los de índole popular/tradicional o deportiva, es decir, aquellos que tienen más elementos a considerar, reglas, etc., con objeto de facilitar y operativizar esta fase previa, a través de **Internet**: Plataformas de Aprendizaje (Tiching, Moodle, Kahoot! etc.), Wiki, Blog, Webquest, etc.

Son muchos los recursos espaciales (patio, S.U.M., pistas, etc.) y materiales que podemos utilizar (picas, aros, pelotas, cuerdas, etc.), sin olvidar que resulta más motivador que éstos los construyan los propios alumnos. Todo ello debemos conocerlo **previamente** para así anticiparlos. Debemos sacar el máximo partido a los recursos espaciales que tengamos y será preciso que tracemos con anterioridad las líneas de demarcación del campo y coloquemos las señales precisas. En todo caso, deberá estar exento de peligros, por ejemplo obstáculos, grietas, etc.

2. Presentación.

La realizaremos con explicaciones claras y breves, para que puedan ser practicados en el menor tiempo posible. Hablaremos alto, claro, despacio y con naturalidad, concretando lo más básico para ir completando la información a lo largo de su desarrollo. Utilizaremos los canales de comunicación más adecuados: visual, auditivo y kinestésico-táctil. **Colocaremos** al alumnado de la forma más apropiada para que todos puedan verse y también nosotros los controlemos, por ejemplo, sentados en un semicírculo en el suelo. Todas y todos deberán **comprender** las reglas y aclarar las dudas antes del inicio (Torres y colls. 1994).

Posteriormente debemos disponer la organización y formación de **equipos**, decir los roles a cada participante y su posible rotación.

Debemos cuidar mucho el **equilibrio** de fuerzas entre el alumnado y los equipos, para lograr con ello que el juego sea incierto y el resultado pueda decantarse para ambos lados, así como que el trabajo físico a realizar no resulte desproporcionado. También cuidaremos de posibles **actitudes racistas** y de **género** que son muy dadas en estas situaciones (Contreras, 2009).

Igualmente tendremos en cuenta la disminución de algunas capacidades que pueden tener algunas niñas o niños y quienes presenten necesidades específicas de apoyo educativo (Barcala, 2009).

La formación de los equipos la haremos nosotros o el propio alumnado con sistemas **tradicionales**, como por ejemplo echar suertes. De este modo estamos favoreciendo la transmisión de esta parte de nuestra cultura lúdica.

Por **último** procedemos a distribuir el material preciso para la ejecución del juego, de esta forma evitaremos distracciones.

3. Ejecución.

Comienza tras la entrega de los móviles. Debemos limitarnos a encauzar y sugerir, no interfiriendo en su desarrollo, **absteniéndonos** de participar directamente. Debemos mostrarnos abiertos, flexibles, dialogantes, dando refuerzos motivadores y facilitando la autonomía personal (Navarro, 1993).

Introduciremos **modificaciones** según el desarrollo del juego. Cuidaremos que no existan crispaciones, que se respeten entre ellos y ellas, etc. Podemos arbitrar o que esta labor la realicen los propios participantes. En todo caso, si el juego empieza a perder interés, cambiarlo.

Durante la ejecución de los juegos pueden plantearse algunos problemas que debemos considerar para ponerle solución (Torres y colls. 1994):

- Marginación de participantes con nivel más bajo
- Exclusiones por eliminación, etc.
- Perseguir el enfrentamiento para obtener el resultado
- Ausencia de solidaridad y cooperación entre los actuantes
- No respetar las decisiones arbitrales
- Conflictos por motivos sexistas o racistas

Deseamos señalar que el carácter competitivo no se puede apartar del juego porque motiva, si no existiera dejaría de interesar. Lo malo es la excesiva competencia, ésta debe ser un instrumento para educar. De todas formas debemos promocionar juegos que rompan con las formas de competición tradicionales (Torres y colls. 1994).

También se producen acciones muy aptas para que las tengamos en cuenta posteriormente a la hora de evaluar.

4. Evaluación.

Aunque los juegos infantiles no tienen una finalidad que no sea el propio juego, sí exigen, en la mayoría de los casos, una calificación o **resultado** que justifique el agonismo que encierra. En muchas ocasiones el interés del juego se mantiene en pie exclusivamente por la búsqueda de ese resultado, que llega a ser en otros su núcleo.

La calificación del juego debe tener tres cualidades: **claridad, sencillez e inmediatez** (Gutiérrez, 1991).

Podemos utilizar como instrumento las Listas de Control, donde registramos todos aquellos parámetros que más nos interesen en cada momento. Por ejemplo, la participación, respeto a las normas y a los demás, esfuerzo, cooperación, etc. (García Fernández, 2005).

No olvidemos que el juego se convierte en el mejor recurso para obtener información sobre los escolares y verificar si van adquiriendo los aprendizajes (Valero, 2002).

2.4.1. TIPOS DE JUEGO SEGÚN LA PARTE DE LA SESIÓN.

Campo (2000) y García Fernández (2005), manifiestan que:

a) En la **Animación** los juegos serán eminentemente dinámicos.

b) En la parte **Central** haremos juegos relacionados con los objetivos a conseguir (las habilidades de todo tipo: perceptivas, básicas, genéricas, específicas, expresivas, etc.).

c) En la parte **Final** o Relajación, los contenidos lúdicos estarán en consonancia con todo lo relacionado con los aspectos sensoriales y relajatorios.

2.5. JUEGOS Y EDAD. ETAPAS EVOLUTIVAS DEL JUEGO.

Para la redacción de este apartado nos basamos en Gutiérrez (1991), García Fernández (2005) y Expósito (2006). En una tabla resumimos el tipo de juego, edades de las etapas Infantil y Primaria en las que se suele practicar y sus peculiaridades.

TIPO DE JUEGO	EDAD	PECULIARIDADES
FUNCIONAL	Hasta 6 meses	Juego sensorial y solitario, que afecta a vista y boca. Se irá integrando al resto de zonas corporales.
EXPLORACIÓN	6 a 12 meses	Toma relación con el entorno, el "reflejo de orientación". La bipedestación invita a ello. Juego con objetos.
AUTOCONFIRMACIÓN	1-2 años	Juegos de tipo sensorio-motor. Descubre su propio ser y sus posibilidades. Disfruta con sus juguetes.
SIMBÓLICO	2-4 años	Juegos de construcción y destrucción. Gusta tener a alguien que le acompañe.
PRESOCIAL	4-6 años	Busca a compañeros para sus juegos. Representa actividades propias de las personas adultas.
REGLADO Y SOCIAL	6-8 años	Auge del juego colectivo, marginándose de los adultos. El juego pasa del entorno familiar al escolar.
COMPETICIÓN	8-10 años	Juegos populares y colectivos de competición ("contra"), con reglas auto impuestas y cambiantes que provocan discusiones. Juegos de "niñas y niños" y formación de pandillas al final del periodo.
EJERCITACIÓN	10-12 años	Juegos solidarios e individuales. Juego expresivo y de imitación. Concursos de tipo intelectual y de construcción.

Deseamos matizar que la irrupción desde los últimos años del siglo XX de nuevos juguetes **electrónicos**, consolas, etc. en el mercado, así como la popularización de Internet a todos los niveles, hace que debamos considerar, sobre todo a partir de los seis años, estas nuevas posibilidades lúdicas. Ello se ve potenciado por la creación de los **centros TIC**, donde el juego tiene fines educativos. Ya en el siglo XXI, la industria juguetera fabrica "portátiles" con programas educativos para niñas y niños.

CONCLUSIONES

Hemos tratado el tema del juego, que es fundamental para la educación en la Etapa Primaria. No podemos olvidar que la actividad lúdica es el vehículo ideal para conducir el proceso de enseñanza-aprendizaje. Las definiciones son variadas, así como las clasificaciones, funciones y teorías. El juego es un recurso imprescindible en esta etapa como situación de aprendizaje, acordes con las intenciones educativas, y como herramienta didáctica por su carácter motivador. Las propuestas didácticas deben incorporar la reflexión y análisis de lo que acontece y la creación de estrategias para facilitar la transferencia de conocimientos de otras situaciones. El tratamiento del juego en el currículo viene dado por todos sus elementos: Competencias Clave, Objetivos de Etapa y Área, Bloque de Contenido, Metodología, Evaluación, otras Áreas..., por lo que el docente debe dominar todo su potencial. Por último hemos visto cómo hay un tipo de juego para cada edad.

BIBLIOGRAFIA

- ANDREU, E. (2006). *La actividad lúdica infantil en el Mediterráneo*. Wanceulen. Sevilla.
- ARUFE, V. y OTROS. (2009). *Importancia de los principios pedagógicos de la educación motriz para el logro de las competencias básicas de los alumnos de primaria y secundaria*. En ARUFE, V. et al. en *La Educación Física en la sociedad actual*. Wanceulen. Sevilla.
- BARCALA, R. J. (2009). *Estrategias para la integración de alumnos con necesidades educativas especiales*. En GUILLÉN M. y ARIZA, L. (coords.) *Las ciencias de la actividad física y el deporte como fundamento para la práctica deportiva*. Universidad de Córdoba.
- CAMPO, G. E. (2000). *El Juego en la Educación Física Básica*. Kinesis. Armenia. Colombia.
- CAÑIZARES, J. Mª. (1998). *400 Juegos simples por parejas para el desarrollo de las Habilidades Básicas. Animación, Parte Principal y Vuelta a la Calma*. Wanceulen. Sevilla.
- CAÑIZARES, J. Mª y CARBONERO, C. (2007). *Temario de Oposiciones de Educación Física para Primaria*. Wanceulen. Sevilla.
- CHATEAU, J. (1978). *Psicología de los juegos*. Kapelusz. Buenos Aires.
- CONTRERAS, O. R. (2009). *Intervención intercultural desde la Educación Física*. En ARUFE, V. et al. en *La Educación Física en la sociedad actual*. Wanceulen. Sevilla.
- DECROLY, O. y MONCHAMP, E. (1986). *El juego educativo iniciación a la actividad intelectual y motriz*. Morata. Madrid.
- EXPÓSITO, J. (2006). *El juego y el deporte popular, tradicional y autóctono en la escuela*. Wanceulen. Sevilla.
- FERNANDEZ GARCÍA, E. -coord.- (2002). *Didáctica de la Educación Física en la Educación Primaria*. Síntesis. Madrid.
- GALLARDO, P. y TORO, V. (1993). *El juego*. Comunidad Educativa, nº 204, pp 27-28.
- GALLARDO, P. y FERNÁNDEZ GAVIRA, J. (2010). *El juego como recurso didáctico en Educación Física*. Wanceulen. Sevilla.
- GARCÍA FERNÁNDEZ, P. (2005). *Fundamentos teóricos del juego*. Wanceulen. Sevilla.
- GARCÍA-FOGEDA, M. A. (1982). *El juego predeportivo en la educación física y el deporte*. Pila Teleña. Madrid.
- GIL, P. (2003). *Animación y dinámica de grupos deportivos*. Wanceulen. Sevilla.

- GIL, P. y NAVARRO, V. (2004). *El juego motor en educación infantil.* Wanceulen. Sevilla.
- GIL, P. y NAVEIRAS, D. (2007). *La Educación Física cooperativa.* Wanceulen. Sevilla.
- GIL MADRONA, P. -coord.- (2013). *Desarrollo curricular de la Educación Física en la Educación Infantil.* Pirámide. Madrid.
- GÓMEZ LECUMBERRI, C. y otros. (2009). *Deporte e integración social: guía de intervención educativa a través del deporte.* INDE. Barcelona.
- GUTIÉRREZ, M. (1991). *La educación psicomotriz y el juego.* Wanceulen. Sevilla.
- HUIZINGA, J. (Varias ediciones anteriores. 2014). *Homo ludens.* Alianza Editorial. Madrid.
- JUNTA DE ANDALUCÍA (2007). Ley 17/2007, de 10 de diciembre, de Educación de Andalucía (L. E. A.). B. O. J. A. nº 252, de 26/12/07.
- JUNTA DE ANDALUCÍA (2015). *Decreto 97/2015, de 3 de marzo, por el que se establece la ordenación y las enseñanzas correspondientes a la Educación primaria en Andalucía.* B. O. J. A. nº 50, de 13/03/2015.
- JUNTA DE ANDALUCÍA. (2015). *Orden de 17 de marzo de 2015, por la que se desarrolla el currículo correspondiente a la Educación Primaria en Andalucía.* B. O. J. A. nº 60, de 27/03/2015.
- MARTÍNEZ FUENTES, M. T. (2002). *Evolución del juego a lo largo del ciclo vital.* En MORENO, J. A. *Aprendizaje a través del juego.* Aljibe. Málaga.
- MARTÍNEZ, A. y DÍAZ, P. (2008). *Creatividad y deporte.* Wanceulen. Sevilla.
- M.E.C. (2013). *Ley Orgánica 8/2013, de 9 de diciembre, para la mejora de la calidad educativa.* BOE Nº 295, de 10/12/2013.
- M. E. C. (2006). *Ley Orgánica 2/2006, de 3 de mayo, de Educación* (L. O. E.). B. O. E. nº 106, de 04/05/2006, modificada por la LOMCE/2013.
- M. E. C. (2010). *Real Decreto 132/2010, de 12 de febrero, por el que se establecen los requisitos mínimos de los centros que impartan las enseñanzas del segundo ciclo de la educación infantil, la educación primaria y la educación secundaria.* B.O.E. nº 62, de 12/03/2010.
- ECD/65/2015, *O. de 21 de enero, por la que se describen las relaciones entre las competencias, los contenidos y los criterios de evaluación de la educación primaria, la educación secundaria obligatoria y el bachillerato.* B.O.E. nº 25, de 29/01/2015.
- MÉNDEZ, A. y MÉNDEZ, C. (2004). *Los juegos en el currículum de la Educación Física.* Paidotribo. Barcelona.
- MORENO, J. A. (2002). *Aprendizaje a través del juego.* Aljibe. Málaga.
- NARGANES, J.C. (1993). *Juego y desarrollo curricular en Educación Física. Orientaciones para Reforma en Enseñanza Primaria.* Wanceulen. Sevilla.
- NAVARRO, V. (1993). *El juego infantil.* En VV. AA. *Fundamentos de Educación Física para Primaria,* vol. II. INDE. Barcelona.
- NAVARRO, V. (2002). *El afán de jugar.* INDE. Barcelona.
- NAVARRO, V. (2007). *Tendencias actuales de la Educación Física en España. Razones para un cambio.* (1ª y 2ª parte). Revista electrónica INDEREF. Editorial INDE. Barcelona. http://www.inderef.com
- ORLICK, T. (2001). *Libres para cooperar, libres para crear.* Paidotribo. Barcelona.
- PAREDES, J. (2002). *Aproximación teórica a la realidad del juego.* En MORENO, J. A. *Aprendizaje a través del juego.* Aljibe, Málaga.
- PAREDES, J. (2003). *Juego, luego soy.* Wanceulen. Sevilla.
- PARLEBAS, P. (1988). *Elementos de sociología del deporte.* Unisport. Málaga.
- PIAGET, J. (1983). *Psicología y Pedagogía.* Sarpe. Madrid.
- PIAGET, J. (1986). *La formación del símbolo.* Fondo de Cultura Económica. México.

- PONCE, A. y GARGALLO, E. -coords.- (2003). *Reciclo, construyo, juego y me divierto*. CCS. Madrid.
- ROMERO CEREZO, C. (2002). *El juego en el Decreto del Área de Educación Física, Etapa de Educación Primaria*. Revista "Habilidad Motriz", nº 18, págs. 48-59. C.O.P.L.E.F.A. Córdoba.
- ROSILLO, S. (2010). *Actividad motora. Plan educativo de adquisición de hábitos de vida saludable en la educación*. Procompal. Almería.
- SÁENZ-LÓPEZ BUÑUEL, P. (2002). *La Educación Física y su Didáctica*. Wanceulen. Sevilla.
- SUARI, C. (2005). *Juegos tradicionales: del currículum a la clase*. Wanceulen. Sevilla.
- TORRES GUERRERO, J. y colls. (1994). *Las Actividades Físicas Organizadas en Educación Primaria*. Rosillo's. Granada.
- VALERO, A. (2002). *El juego en la Educación Primaria*. En MORENO, J. A. *Aprendizaje a través del juego*. Aljibe. Málaga.
- ZAGALAZ, Mª L.; CACHÓN, J.; LARA, A. (2014). *Fundamentos de la programación de Educación Física en Primaria*. Síntesis. Madrid.

WEBGRAFÍA (Consulta en octubre de 2015).

http://www.agrega2.es
http://recursos.cnice.mec.es/edfisica/
http://www.adideandalucia.es
http://www.ite.educacion.es/es/recursos
http://www.educarm.es/admin/recursosEducativos#nogo
www.juntadeandalucia.es/educacion/descargasrecursos/curriculo-primaria/index.html
http://www.guiaderecursos.com/webseducativas.php
http://recursostic.educacion.es/primaria/ludos/web/index.html

www.ingramcontent.com/pod-product-compliance
Lightning Source LLC
Chambersburg PA
CBHW080458170426
43196CB00016B/2864